O wie wohl ist mir am Abend.
C. Schulz.
Ruhig.
p
O wie wohl ist mir am A - bend, mir am
cresc.
A - bend wenn zur Ruh' die Glok - ke läu - tet, Glok - ke
f
läu - tet: bim, bam, bim bam, bim, bam.

Sang und Klang

für's

Kinderherz

Eine Sammlung
der schönsten Kinderlieder
herausgegeben
von

Professor Engelbert Humperdinck

ausgewählt von
E H Strasburger

Bilder
von
Paul Hey

Neue Folge

Berlin S.W.
Verlag von Neufeld & Henius

Inhalt

Der Vöglein Abschied.*)

Allegretto moderato. W. Taubert.

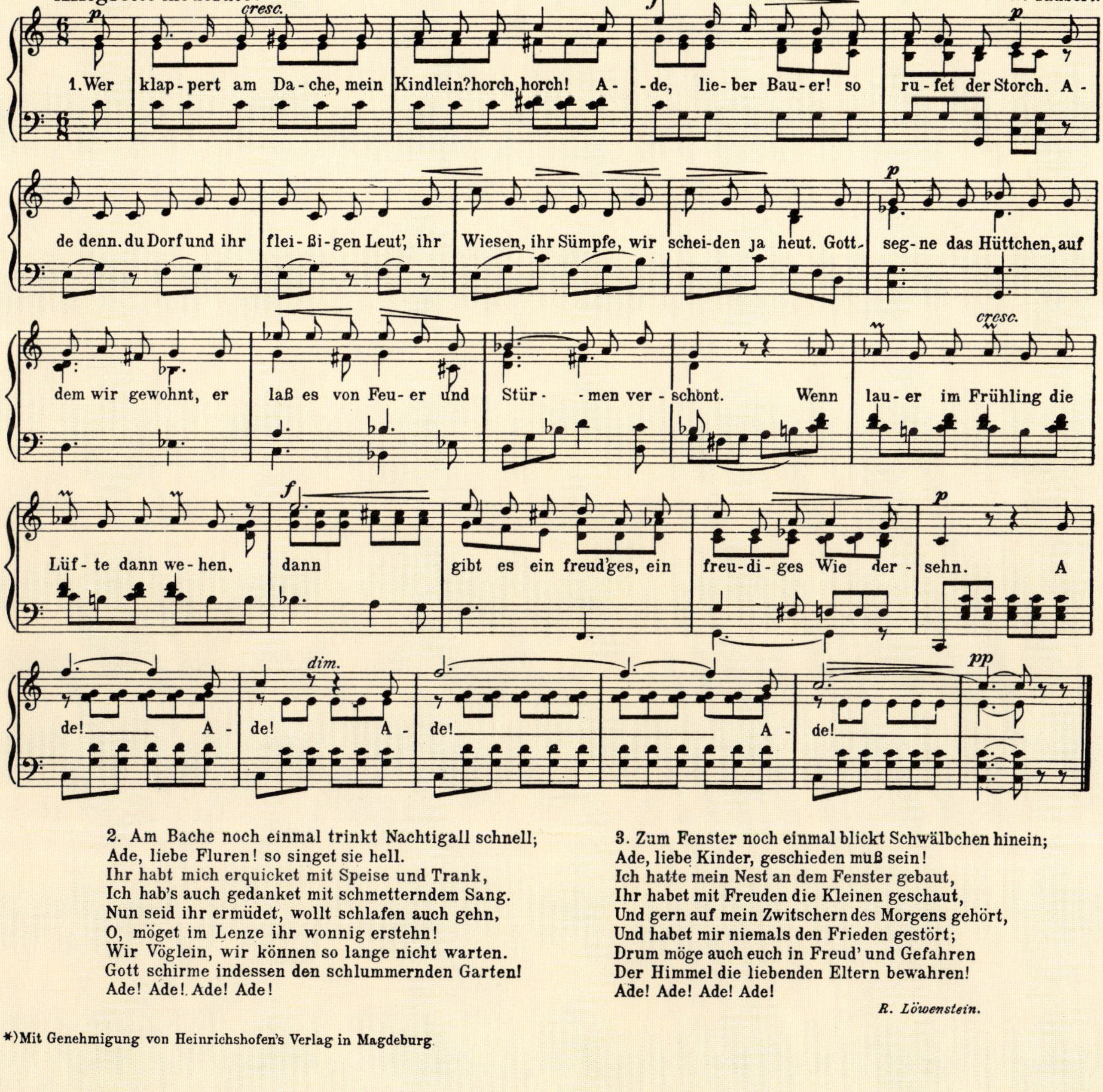

2. Am Bache noch einmal trinkt Nachtigall schnell;
Ade, liebe Fluren! so singet sie hell.
Ihr habt mich erquicket mit Speise und Trank,
Ich hab's auch gedanket mit schmetterndem Sang.
Nun seid ihr ermüdet, wollt schlafen auch gehn,
O, möget im Lenze ihr wonnig erstehn!
Wir Vöglein, wir können so lange nicht warten.
Gott schirme indessen den schlummernden Garten!
Ade! Ade! Ade! Ade!

3. Zum Fenster noch einmal blickt Schwälbchen hinein;
Ade, liebe Kinder, geschieden muß sein!
Ich hatte mein Nest an dem Fenster gebaut,
Ihr habet mit Freuden die Kleinen geschaut,
Und gern auf mein Zwitschern des Morgens gehört,
Und habet mir niemals den Frieden gestört;
Drum möge auch euch in Freud' und Gefahren
Der Himmel die liebenden Eltern bewahren!
Ade! Ade! Ade! Ade!

R. Löwenstein.

*) Mit Genehmigung von Heinrichshofen's Verlag in Magdeburg.

Frühlingsgruß.

Mäßig. F. Mendelssohn.

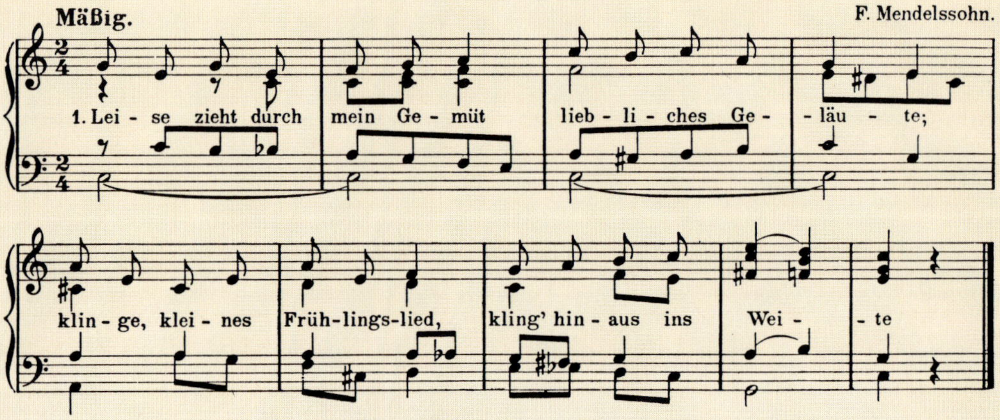

2. Kling' hinaus bis an das Haus,
Wo die Veilchen sprießen;
Wenn du eine Rose schaust,
Sag' ich laß' sie grüßen.

H. Heine.

Der Frühling ist da!

Mäßig bewegt. J. F. Reichardt.

2. Er hielt im Walde sich versteckt,
Daß niemand ihn mehr sah;
Ein Vöglein hat ihn aufgeweckt;
Jetzt ist er wieder da.

3. Jetzt ist der Frühling wieder da;
Ihm folgt, wohin er zieht,
Nur lauter Freude fern und nah'
Und lauter Spiel und Lied.

4. Und allen hat er, groß und klein,
Was Schönes mitgebracht,
Und sollt's auch nur ein Sträußchen sein;
Er hat an uns gedacht.

5. Drum frisch hinaus ins freie Feld,
Ins grüne Feld hinaus!
Der Frühling hat sich eingestellt;
Wer bliebe da zu Haus?

Heinrich Hoffmann von Fallersleben.

Das Wandern.

2. Viel Blumen am Wege,
Die sieht er da stehn;
Der Wandrer muß eilend
Vorübergehn.
Sie duften so herrlich,
Sie duften so schön;
Doch fort muß er wieder
Muß weiter ziehn.

3. Da sieht er ein Häuschen,
Am Felsen gebaut,
Von schattigen Blumen
So herrlich belaubt;
Da täts ihm gefallen,
Da sehnt er sich hin:
Doch fort muß er wieder
Muß weiter ziehn.

4. Es bietet das Leben
Ihm manchen Genuß;
Das Schicksal gebietet
Dem strauchelnden Fuß.
Da steht er am Grabe
Und schaut zurück,
Hat wenig genossen
Das irdische Glück.

Volkslied.

Scherzliedchen.

Ziemlich schnell. | Volksweise.

2. A, B, C,
Die Katze lief zur Höh! –
Sie leckt ihr kaltes Pfötchen rein
Und putzt sich auch die Stiefelein,
Und ging nicht mehr, und ging nicht mehr,
Und ging nicht mehr in'n Schnee.

Volkslied.

Der Winter.*)

Mäßig. | E. Humperdinck.

2. Aus Blumen und aus Vogelsang
Weiß er sich nichts zu machen;
Ein warmes Herz, das ist sein Drang
Sonst haßt er warme Sachen.

3. Wenn Stein und Bein vor Frost zerbricht
Und Teich und Seen krachen:
Das klingt ihm gut, das haßt er nicht,
Dann will er tot sich lachen.

4. Sein Schloß von Eis liegt hoch hinaus
Beim Nordpol an dem Strande,
Doch hat er auch ein Sommerhaus
Im lieben Schweizerlande.

5. Da ist er denn bald dort, bald hier,
Gut Regiment zu führen,
Und wenn er durchzieht, stehen wir
Und seh'n ihn an und frieren.

Math. Claudius.

*) Verlag von Neufeld & Henius, Berlin S.W.

P.HEY

Sehnsucht nach dem Frühling.

H. H. v. Fallersleben.

2. Auf die Berge möcht' ich fliegen,
Möchte sehn ein grünes Tal,
Möcht' in Gras und Blumen liegen
Und mich freu'n am Sonnenstrahl!

3. Möchte hören die Schalmeien
Und der Herden Glockenklang,
Möchte freuen mich im Freien
An der Vögel süßem Sang!

4. Schöner Frühling komm doch wieder,
Lieber Frühling komm doch bald;
Bring' uns Blumen, Laub und Lieder,
Schmücke wieder Feld und Wald!

Heinrich Hoffmann von Fallersleben.

Müllerlied.

Karl Zöllner.

2. Vom Wasser haben wir's gelernt,
Vom Wasser haben wir's gelernt, vom Wasser.
Das hat nicht Ruh' bei Tag und Nacht,
Ist stets auf Wanderschaft bedacht,
Ist stets auf Wanderschaft bedacht, das Wasser.

3. Das sehn wir auch den Rädern ab,
Das sehn wir auch den Rädern ab, den Rädern.
Die garnicht gerne stille stehn
Und sich am Tag nicht müde drehn,
Und sich am Tag nicht müde drehn, die Räder.

4. Die Steine selbst, so schwer sie sind,
Die Steine selbst, so schwer sie sind, die Steine.
Sie tanzen mit den muntern Reih'n
Und wollen gar noch schneller sein,
Und wollen gar noch schneller sein, die Steine.

5. O Wandern, Wandern meine Lust,
O Wandern, Wandern meine Lust, o Wandern!
Herr Meister und Frau Meisterin,
Laßt mich in Frieden weiter ziehn,
Laßt mich in Frieden weiter ziehn, und wandern!

W. Müller.

Waldvögelein.

Heiter und ziemlich schnell. Volksweise.

2. O sing' nur, singe, Frau Nachtigall!
Wer möchte die Sängerin stören?
Wie wonniglich klingt's im Widerhall,
Es lauschen die Blumen, die Vögel all',
Und wollen die Nachtigall hören.

3. Nun muß ich wandern bergauf, bergab,
Die Nachtigall singt in der Ferne.
Es wird mir so wohl, so leicht am Stab,
Und wie ich schreite hinauf, hinab:
Die Nachtigall singt in der Ferne.

Volkslied.

An den Mond.

Volksweise.

3. Lieber Mond so sanft und milde
Glänzest du im Sternenmeer,
Wallest in die Lichtgefilde
Hehr und feierlich einher.
Menschentröster, Gottes Bote,
Der auf Friedenswolke thront,
Zu der höchsten Morgenröte
Führst du uns, o guter Mond.

Volkslied.

Sommerlied.

Mäßig bewegt.

Volksweise.

2. In dem Garten bin ich g'standen,
Hab' den Immlein zugeschaut;
Hab'n gebrummet, hab'n gesummet,
Haben Zellein gebaut.

3. Auf der Wiese bin ich gangen,
Sah die Sommervöglein an;
Hab'n gezogen, hab'n geflogen,
Gar schön hab'ns getan.

Volkslied.

Das Lämmchen.

Mäßig. Nach Friedr. Reichardt.

2. Hopp, hopp, ging's über Stock und Stein
Mit unvorsicht'gen Sprüngen
Kind, rief die Mutter, Kind halt' ein
Es möchte dir mißlingen.

3. Allein das Lämmchen hüpfte fort,
Berg auf, Berg ab mit Freuden;
Doch endlich mußt's am Hügel dort
Für seinen Leichtsinn leiden.

4. Am Hügel lag ein großer Stein,
Den wollt' es überspringen
Seht da, es springt und bricht ein Bein;
Aus war nun Lust und Springen.

5. O liebe, muntre Kinder, schreibt
Dies tief in eure Herzen:
Die Freuden, die man übertreibt
Verwandeln sich in Schmerzen.

Volkslied.

Sommertag.

Mäßig bewegt. Nach C. M. v. Weber.

2. Trarira, der Sommer der ist da!
Wir wollen zu den Hecken
Und woll'n den Sommer wecken.
Ja, ja, ja! der Sommer der ist da.

3. Trarira, der Sommer der ist da!
Der Sommer hat's gewonnen,
Der Winter hat's verloren.
Ja, ja, ja! der Sommer der ist da.

Pfälzisches Volkslied.

P. HEY

Ein schweres Rätsel.

2. Ihr denkt, das ist der Klapperstorch, watet durch die Sümpfe,
Er hat ein schwarzweiß Röcklein an, trägt auch rote Strümpfe;
Fängt die Frösche schnapp, schnapp, schnapp,
Klappert lustig klapper-di-klapp:
Nein, das ist Frau Störchin.

R. Löwenstein.

Der Wettstreit.

Bestimmt. K. F. Zelter.

2. Der Kuckuck sprach: „Das kann ich!"
Und hub gleich an zu schrei'n
„Ich aber kann es besser!
Ich aber kann es besser!"
Fiel gleich der Esel ein,
Fiel gleich der Esel ein.

3. Das klang so schön und lieblich,
So schön von fern und nah;
Sie sangen alle beide,
Sie sangen alle beide
Kuku kuku ia!
Kuku kuku ia!

Hoffmann von Fallersleben.

Hänschen klein.

Munter. Volksweise.

2. Sieben Jahr, trüb und klar,
Hänschen in der Fremde war,
Da besinnt sich das Kind,
Eilet heim geschwind.
Doch nun ist's kein Hänschen mehr,
Nein, ein großer Hans ist er;
Stirn und Hand braun gebrannt,
Wird er wohl erkannt?

3 Eins, zwei, drei gehn vorbei,
Wissen nicht, wer das wohl sei.
Schwester spricht: „Welch Gesicht!"
Kennt den Bruder nicht.
Kommt daher die Mutter sein,
Schaut ihm kaum ins Aug' hinein,
Ruft sie schon: „Hans mein Sohn!
Grüß dich Gott, mein Sohn!"

Volkslied.

Ein scheckiges Pferd.

R. Schumann.

Bienchenlied.

Munter. Volksweise.

2. Summ, summ, summ!
Bienchen summ herum!
Such' in Blumen, such' in Blümchen
Dir ein Tröpfchen, dir ein Krümchen!
Summ, summ, summ!
Bienchen summ herum!

3. Summ, summ, summ!
Bienchen summ herum!
Kehre heim mit reicher Habe
Bau uns manche volle Wabe!
Summ, summ, summ!
Bienchen summ herum!

4. Summ, summ, summ!
Bienchen summ herum!
Bei den heilig Christgeschenken
Wollen wir auch dein gedenken.
Summ, summ, summ!
Bienchen summ herum!

5. Summ, summ, summ!
Bienchen summ herum!
Wenn wir mit dem Wachsstock suchen
Pfeffernüß' und Honigkuchen.
Summ, summ, summ!
Bienchen summ herum!

Hoffmann von Fallersleben.

An den Mai.

Mäßig geschwind. Mozart.

2. Zwar Wintertage haben
Wohl auch der Freuden viel;
Man kann im Schnee eins traben
Und treibt manch Abendspiel,
Baut Häuserchen von Karten;
Spielt Blinde-Kuh und Pfand;
Auch gibt's wohl Schlittenfahrten
Auf's liebe freie Land.

3. Doch wenn die Vöglein singen
Und wir dann froh und flink
Auf grünem Rasen springen,
Das ist ein ander Ding!
Drum komm und bring vor allem
Uns viele Rosen mit,
Bring auch viel Nachtigallen
Und schöne Kuckucks mit!

C. A. Overbeck

Treue und Redlichkeit.

W. A. Mozart.

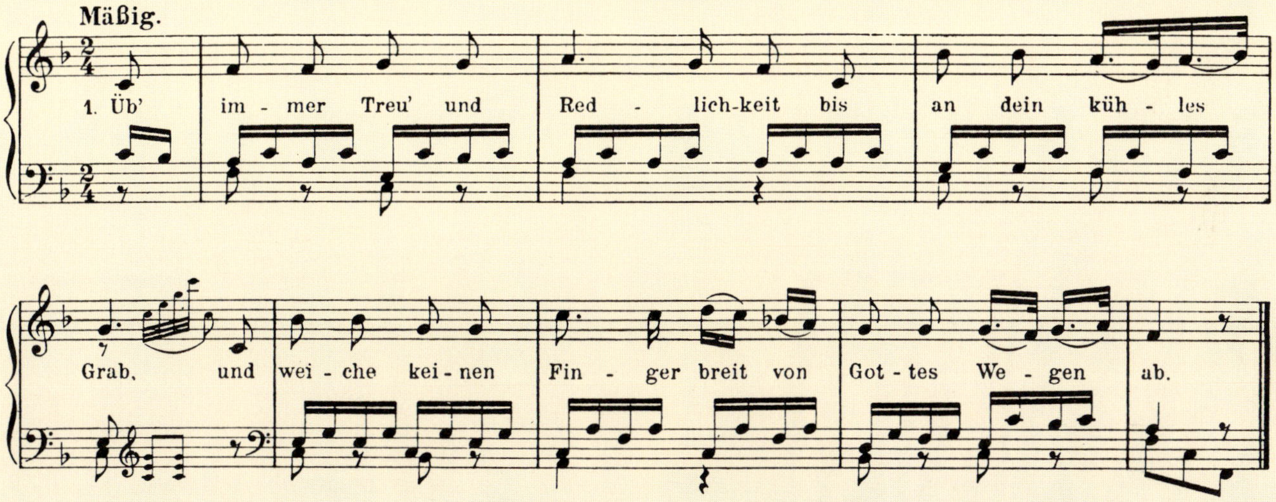

2. Dann wirst du wie auf grünen Au'n
Durch's Pilgerleben geh'n;
Dann kannst du sonder Furcht und Grau'n
Dem Tod ins Auge seh'n.

3. Dann wird die Sichel und der Pflug
In deiner Hand so leicht;
Dann singest du beim Wasserkrug
Als wär dir Wein gereicht.

4. Dem Bösewicht wird alles schwer,
Er tue, was er tu';
Das Laster treibt ihn hin und her,
Und läßt ihm keine Ruh'.

5. Der schöne Frühling lacht ihm nicht,
Ihm lacht kein Ährenfeld;
Er ist auf Lug und Trug erpicht
Und wünscht sich nichts als Geld.

6. Der Wind im Hain, das Laub am Baum
Saust ihm Entsetzen zu;
Er findet nach des Lebens Raum
Im Grabe keine Ruh'.

7. Drum übe Treu' und Redlichkeit
Bis an dein kühles Grab,
Und weiche keinen Finger breit
Von Gottes Wegen ab.

L. H. Chr. Hölty.

Der Gänsedieb.

Der weiße Hirsch.

2. Sie legten sich unter den Tannenbaum;
|: Da hatten die drei einen seltsamen Traum: :|

3. *Der erste:* Mir hat geträumt, ich klopfte auf den Busch,
|: Da rauschte der Hirsch heraus, husch, husch! :|

4. *Der zweite:* Und als er sprang mit der Hunde Geklaff,
|: Da brannt' ich ihm auf das Fell, piff, paff! :|

5. *Der dritte:* Und als ich den Hirsch an der Erde sah',
|: Da stieß ich lustig ins Horn, trara! :|

6. So lagen sie da und sprachen die drei,
|: Da rannte der weiße Hirsch vorbei. :|

7. Und eh' die drei Jäger ihn recht gesehn,
|: So war er davon über Tiefen und Höhn. :|

Ludwig Uhland.

Von den grünen Sommervögeln.

Jos. Gersbach.

2. Sie schaukelten in Lüften lau
Auf ihren schwanken Zweigen;
Sie aßen Licht und tranken Tau
Und wollten auch nicht schweigen:
Sie sangen leise, leise
Auf ihre stille Weise
Von Sonnenschein und Himmelsblau.

3. Wenn Wetternacht auf Wolken saß,
So schwirrten sie erschrocken;
Sie wurden von dem Regen naß
Und wurden wieder trocken;
Die Tropfen rannen nieder
Vom grünenden Gefieder,
Und desto grüner wurde das.

4. Da kam am Tag der scharfe Strahl,
Ihr grünes Kleid zu sengen,
Und nächtlich kam der Frost einmal
Mit Reif es zu besprengen.
Die armen Vöglein froren,
Ihr Frohsinn war verloren,
Ihr grünes Kleid ward bunt und fahl.

5. Da trat ein starker Mann zum Baum
Und hub ihn an zu schütteln,
Vom ob'ren bis zum unt'ren Raum
Mit Schauer zu durchrütteln;
Die bunten Vöglein girrten
Und auseinander schwirrten;
Wohin sie flogen, weiß man kaum.

Fr. Rückert.

Der Sonntag.

2. Er steiget durch die Berge,
Er wandelt durch das Tal;
Er ladet zum Gebete
Die Menschen allzumal.

3. Und wie in schönen Kleidern
Nun pranget jung und alt,
Hat er für sie geschmücket
Die Flur und auch den Wald.

4. Und wie er allen Freude
Und Frieden bringt und Ruh',
So ruf auch du nun jedem:
„Gott grüss' dich!“ freundlich zu.

Heinrich Hoffmann von Fallersleben.

Schlaf' Herzenssöhnchen.

C. M. v. Weber.

2. Engel vom Himmel
So lieblich wie du,
Schweben ums Bettchen
Und lächeln dir zu;
Später zwar steigen
Sie auch noch herab,
Aber die trocknen
Nur Tränen dir ab.

3. Jetzt noch mein Söhnchen
Ist goldene Zeit,
Später, ach später
Ist's nimmer wie heut';
Stellen erst Sorgen
Ums Lager sich her,
Söhnchen dann schläft sich's
So ruhig nicht mehr.

4. Schlaf Herzenssöhnchen!
Und kommt gleich die Nacht
Sitzt doch die Mutter
Am Bettchen und wacht;
Sei es so spät auch
Und sei es früh;-
Mutterlieb', Herzchen,
Entschlummert doch nie.

F. H. Hiemer.

Schlaf in guter Ruh'!*)

Wiegend. W. Taubert.

2. Still, mein süßes Kind,
Draußen weht der Wind
Häschen, Häschen spitzt das Ohr,
Sieht aus langem Gras hervor.
Jäger kommt im grünen Kleide,
Jagt das Häschen auf der Weide,
Häschen läuft geschwind, geschwind.
Still, mein süßes Kind.

3. Schlaf die Wänglein rot,
Hast noch keine Not.
Täubchen fliegt auf Feld und Flur,
Fliegt und sucht ein Körnchen nur
Ach! die kleinen, still und bange,
Sprechen: Mutter bleibt so lange.
Mutter bleibt bis Abendrot,
Schlaf, hast keine Not

4. Kannst nun ruhig sein,
Bettler kehrt schon ein,
Häschen schläft auf Stacheldorn,
Häschen liegt nun schon im Korn,
Täubchen füttert seine Jungen,
Vöglein hat nun ausgesungen,
Müd' ist alles, groß und klein,
Schlaf nur ruhig ein

H. Schütze

*) Mit Genehmigung der Schlesinger'schen Buch-und Musikhandlung Rob Lienau, Berlin

Vom Himmel hoch.

Bestimmt. Choral.

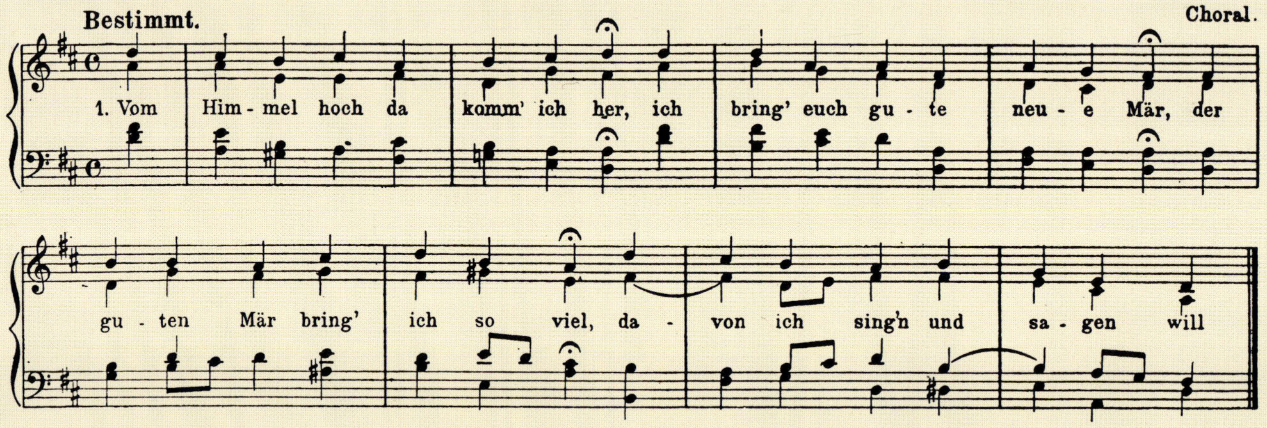

2. Euch ist ein Kindlein heut gebor'n
Von einer Jungfrau auserkor'n;
Ein Kindelein so zart und fein,
Das soll eu'r Freud und Wonne sein.

3. Es ist der Herr Christ unser Gott,
Der will euch führ'n aus aller Not,
Er will euer Heiland selber sein,
Von allen Sünden machen rein

Schlummerlied.*)

2. Und ein liebes Engelein
Sitzt an deinem Bettelein
Wohl die ganze Nacht;
Lachet meinem Kindelein
Morgen in die Äugelein,
‖: Wenn es ist erwacht. :‖

Wackernagel.

*) Mit Genehmigung der Originalverleger Breitkopf und Härtel in Leipzig aus der Sammlung „Leichte Kinderlieder mit Pianofortebegleitung von Julius Hey", aufgenommen.

Ringeltanz.

Der Schweizer.

2. Ein' Stund' wohl in der Nacht,
Sie haben mich gebracht,
Sie führten mich gleich vor des Hauptmanns Haus,
Ach Gott! sie fischten mich im Strome auf;
Mit mir ist's aus.

3. Früh morgens um zehn Uhr
Stellt man mich vor das Regiment;
Ich soll da bitten um Pardon,
Und ich bekomm' gewiß doch meinen Lohn;
Das weiß ich schon.

4. Ihr Brüder allzumal,
Heut' seht ihr mich zum letzten mal;
Der Hirtenbub' ist doch nur schuld daran,
Das Alphorn hat mir solches angetan;
Das klag' ich an.

Volkslied.

Von meinem Blümchen.

Volksweise.

2. Sonne, laß mein Blümchen sprießen!
Wolke, komm, es zu begießen!
Richt empor dein Angesicht,
Liebes Blümchen fürcht dich nicht!

3. Und ich kann es kaum erwarten,
Täglich geh ich in den Garten,
Täglich frag ich: „Blümchen sprich,
Blümchen bist du bös auf mich?“

4. Sonne ließ mein Blümchen sprießen,
Wolke kam es zu begießen;
Jedes hat sich brav gemüht,
Und mein liebes Blümchen blüht.

5. Wie's vor lauter Freude weinet,
Freut sich, daß die Sonne scheinet!
Schmetterlinge, fliegt herbei,
Sagt ihm doch, wie schön es sei!

Heinrich Hoffmann von Fallersleben.

Der Mond ist aufgegangen.

Sehr gemäßigt.

Joh. Albr. Peter Schulz.

2. Wie ist die Welt so stille
Und in der Dämmrung Hülle
So traulich und so hold!
Als eine stille Kammer,
Wo ihr des Tagesjammer
Verschlafen und vergessen sollt.

3. Seht ihr den Mond dort stehen?
Er ist nur halb zu sehen,
Und ist doch rund und schön!
So sind wohl manche Sachen,
Die wir getrost belachen,
Weil unsere Augen sie nicht sehn.

4. Wir stolzen Menschenkinder
Sind eitel arme Sünder,
Und wissen gar nicht viel,
Wir spinnen Luftgespinste
Und suchen viele Künste,
Und kommen weiter von dem Ziel

5. Gott, laß uns dein Heil schauen,
Auf nichts Vergänglich's trauen,
Nicht Eitelkeit uns freu;
Laß uns einfältig werden
Und vor dir hier auf Erden
Wie Kinder fromm und fröhlich sein!

Des Knaben Berglied.

Ruhig, heiter.

Karl Groos.

2. Hier ist des Stromes Mutterhaus
Ich trink' ihn frisch vom Stein heraus:
Er braust vom Fels in wildem Lauf,
Ich fang' ihn mit den Armen auf.
Ich bin der Knab' vom Berge!

3. Der Berg, der ist mein Eigentum.
Da ziehn die Stürme rings herum,
Und heulen sie von Nord und Süd,
So überschallt sie doch mein Lied
Ich bin der Knab' vom Berge!

4. Sind Blitz und Donner unter mir,
So steh' ich doch im Blauen hier.
Ich kenne sie und rufe zu
Laßt meines Vaters Haus in Ruh'!
Ich bin der Knab' vom Berge!

5. Und wenn die Sturmglock' einst erschallt,
Manch Feuer auf den Bergen wallt,
Dann steig' ich nieder, tret' ins Glied
Und schwing' mein Schwert, und sing' mein Lied:
Ich bin der Knab' vom Berge!

J. Uhland.

PAUL HEY

Beim Spazierenfahren.*)

*) Mit Genehmigung der Originalverleger Breitkopf und Härtel in Leipzig aus der Sammlung „Leichte Kinderlieder mit Pianofortebegleitung von Julius Hey" aufgenommen.

Die goldene Kutsche.

Der Jäger aus Kurpfalz.

2. Wer sattelt mir mein Pferd
Und legt mir auf mein Mantelsack?
So reit ich wied'rum her
Als Jäger aus Kurpfalz.
Ju ja, ju ja, etc.

3. Jetzt reit' ich nicht mehr heim,
Bis daß der Kuckuk „Kuckuk" schreit;
Er schreit die ganze Nacht
Allhier auf grüner Heid'.
Ju ja, ju ja, etc.

Volkslied.

R. HEY

Vöglein im hohen Baum.

Friedr. Silcher.

2. Blümlein im Wiesengrund
Blühen so lieb und bunt
Tausend zugleich;
Wenn ihr vorüber geht,
Wenn ihr die Farben seht,
|:Freuet ihr euch.:|

3. Wässerlein fließt so fort
Immer von Ort zu Ort
Nieder ins Tal:
Dürstet nun Mensch und Vieh,
Kommen zum Bächlein sie,
|:Trinken zumal.:|

4. Habt ihr es auch bedacht,
Wer sie so schön gemacht
Alle die drei?
Gott, der Herr machte sie,
Daß sich nun spät und früh
|:Jedes dran freu'.:|

Wilh. Hey.

Der kleine Weihnachtsmann.*)

Herm. Mohr.

2. In der andern Tasche steckt eine Rut'
Für den, der immer Unnützes tut.
Wer sich mit Schwesterchen nicht verträgt,
Sie zupft und kneift, sie neckt und schlägt.
Wer nicht hört wenn Vater und Mutter was sagen,
Wer nicht will seine Gedichte aufsagen,
Wer tobt und 's Brüderchen aufweckt,
Kriegt nichts und wird in den Sack gesteckt
Täteretä! Täteretä!

A. Böhme.

Aufführungsrecht vorbehalten.
*)Mit Genehmigung von Carl Simon Musikverlag, Berlin.

Alle Jahre wieder.

Chr. Rinck.

2. Kehrt mit seinem Segen
Ein in jedes Haus,
Geht auf allen Wegen
Mit uns ein und aus.

3. Ist auch mir zur Seite
Still und unerkannt,
Daß es treu mich leite
An der lieben Hand.

Wilh. Hey.

P. Hey

Im Walde möcht' ich leben.

Volksweise.

2. In seine kühlen Schatten
Winkt jeder Zweig und Ast;
Das Blümchen auf den Matten
Nickt mir: „Komm, lieber Gast!"

3. Wie sich die Vöglein schwingen
Im hellen Morgenglanz!
Und Hirsch und Rehe springen
So lustig wie zum Tanz.

4. Von jedem Zweig und Reise,
Hört nur, wie's lieblich schallt.
Sie singen laut und leise
Kommt in den grünen Wald

Volkslied.

Rosenringel.*)

Munter. Kinderreigen aus dem Märchen „Königskinder.“ **E. Humperdinck.**

*) Mit Genehmigung des Verlages von Max Brockhaus in Leipzig. Aufführungsrecht vorbehalten.

Wanderlied.

Mäßig geschwind. Th. Fröhlich.

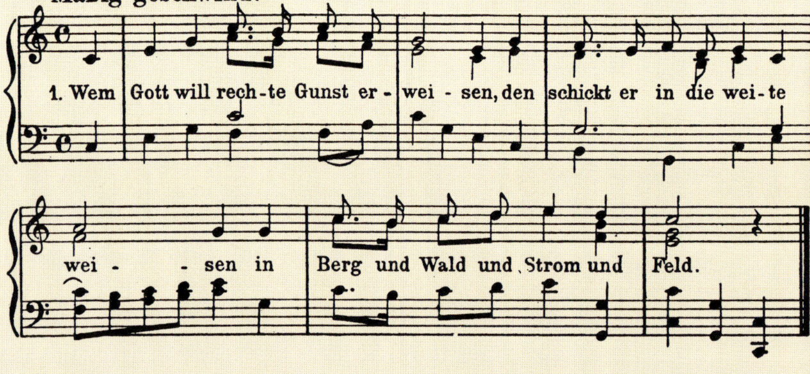

2. Die Bächlein von den Bergen springen;
Die Lerchen jubeln hoch vor Lust.
Wie sollt' ich nicht mit ihnen singen
Aus voller Kehl' und frischer Brust?
3. Den lieben Gott laß ich nur walten
Der Bächlein, Lerchen, Wald und Feld
Und Erd' und Himmel will erhalten,
Hat auch mein Sach' aufs Best' bestellt.

J. v. Eichendorff.

Originalgetreuer Nachdruck der Ausgabe
von 1911, Neufeld & Henius Verlag, Berlin
durch Bechtermünz Verlag im
Weltbild Verlag GmbH, Augsburg 1996
Printed in Germany
ISBN 3-86047-540-1